LAURENCHET 1976

FERNAND XAU

EMILE ZOLA

Conserver la couverture

Prix : 1 franc

PARIS
C. MARPON ET E. FLAMMARION
Libraires-Éditeurs
1 A 7, GALERIES DE L'ODÉON ET RUE DE ROTROU, 4

1880

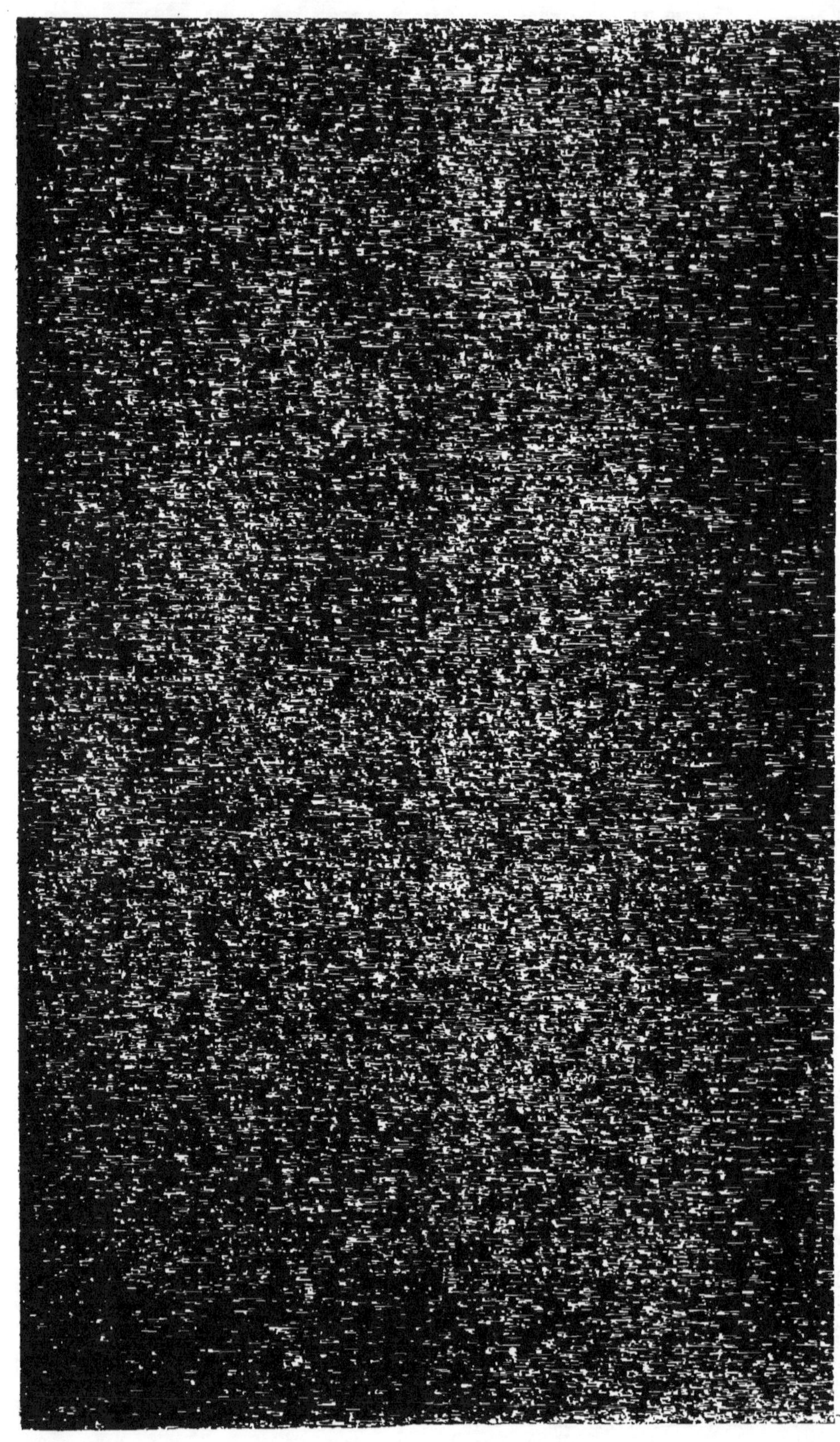

ÉMILE ZOLA

FERNAND XAU

EMILE ZOLA

PARIS
C. MARPON ET E. FLAMMARION
Libraires-Éditeurs
1 A 7, GALERIES DE L'ODÉON, ET RUE DE ROTROU, 4

1880

EMILE ZOLA

I

Rue de Boulogne, 23. M. Émile Zola, frileux comme un Méridional, — il y a chez lui du feu en plein été, — n'a pas encore quitté Paris pour sa campagne de Médan. Je gravis trois étages. Après m'avoir fait attendre quelques minutes dans un vestibule de cinq pieds carrés, un valet de chambre m'introduit dans le cabinet de travail de l'auteur des *Rougon-Macquart*.

C'est une vaste pièce où la lumière n'arrive que difficilement. Les croisées, qui sont fort grandes, se trouvent intérieurement réduites à des dimensions insignifiantes par de larges tentures Bonne-Grâce, en peluche bleue, avec application de broderies de fleurs, découpées sur d'anciennes chasubles italiennes. Des doubles rideaux de crépon de chine rouge et des rideaux simples en dentelles contribuent à augmenter l'obscurité et à donner à cette pièce un aspect sévère et quasi lugubre. Pourtant, lorsque les portières qui séparent le cabinet de la chambre à coucher sont écartées, l'impression de tristesse qu'on avait éprouvée est bientôt dissipée. Par les fenêtres exposées au soleil, on aperçoit, comme un décor, le feuillage des tilleuls et des platanes.

Le cabinet de travail est garni de meubles de toutes les époques, de tous les styles et de tous les pays. La table de travail, d'origine hollandaise, remonte à l'époque de Louis XIII; le vaste fauteuil, en palissandre massif, qui y fait face, date de l'époque de Louis XIV et a été rapporté de Portugal. J'ai remarqué, en outre, deux petites bibliothèques Louis XVI, contenant les ouvrages favoris de M. Zola, une petite table Louis XV, un secrétaire marqueté, une délicieuse encoignure Louis XV, un piano, une garniture de cheminée d'une grande valeur artistique et deux magnifiques vases persans, contenant des lilas, — des lilas de Médan sans doute. À la première fenêtre, un immense bananier. Au-dessus d'une porte, en guise de lambrequin, un devant d'autel italien du XVIIe siècle, brodé de perles vénitiennes. Aux murs, de nombreux tableaux, la plupart sans grande originalité, sans sérieuse valeur. Tous appartiennent à l'école impressionniste. Les plus remarquables sont le portrait que Manet a fait de M. Zola; puis des paysages de Guillemet, Monet, Cézanne, Pissaro, etc.

Peu de livres.

Je ne parlerai de la salle à manger que pour y constater la présence d'une immense volière.

La chambre à coucher est surtout curieuse. Les murs sont ornés de vieilles tapisseries provenant du château d'Amboise. Des vitraux garnissent les fenêtres ; il y en a de toutes les époques : du XIIe au XVIIe siècle. Quelques-uns sont fort beaux. J'ai admiré à la fenêtre de droite une *Sainte Barbe* et une *Rébecca à la fontaine :* deux œuvres superbes du XVIIe siècle. Entre les deux fenêtres, un coffre gothique, en fer ciselé. Un lit Louis XIII, haut et massif, est orné de garnitures de chasuble en velours de Gênes. A gauche de la cheminée, un contador ; à droite, une vieille armoire bretonne. La cheminée, elle-même ornée de majoliques anciennes, est entourée d'une magnifique tapisserie.

On sent tout de suite qu'on se trouve en présence d'un homme qui aime son « chez soi » — et qui, simplement, à l'instar du peuple britannique, préfère aux plaisirs fugitifs et trompeurs des salons les joies réconfortantes du travail et les douceurs incomparables du *at home.* Il y a, par exemple, dans le cabinet de travail de

M. Zola, un encombrement de meubles minuscules et de brimborions inutiles qui frappe l'observateur. Seulement cet encombrement n'est pas un fouillis; chaque chose est à sa place; rien n'a été sacrifié à la fantaisie : évidemment M. Zola est un homme d'ordre et de méthode.

Le bureau est placé au fond de la pièce, à droite en entrant. M. Zola est assis dans ce vaste fauteuil portugais dont j'ai déjà parlé et sur le dos duquel est jetée une épaisse fourrure. Il porte un paletot-sac, de molleton noir, qui, il faut l'avouer, ne rappelle nullement la robe monacale dans laquelle s'enveloppait Balzac, — son maître ou plutôt son parangon.

Physiquement, tout le monde connaît M. Zola. Les photographies qu'on a de lui sont très-ressemblantes. Quelqu'un a dit qu'il avait la tête d'un penseur et le corps d'un athlète. Rien de plus vrai. Il y a dans sa physionomie une expression vague de sincère amertume ou de dédain profond qui serait plus appréciable si des lèvres épaisses, mais exemptes de sensualité, n'avaient quelque chose de cette raillerie brutale qui caractérise certains types italiens. D'ailleurs il y a à la fois du Bavarois et du Napolitain chez lui.

Bien bâti, sa carrure large, sa poitrine bombée, sa charpente fortement osseuse, sa barbe et ses cheveux noirs, plantés drus et coupés ras, lui donnent enfin un aspect de virilité et d'ascétisme qui dénote une grande puissance de volonté et indique suffisamment l'amour de la solitude, le goût de la réflexion et le sens le plus large de l'observation.

Est-ce le résultat d'un calcul ou un simple effet du hasard? Quand j'entre, M. Zola écrit. Je suis à côté de lui qu'il ne m'a pas encore regardé. Pourtant j'ai été annoncé. Je jette un regard indiscret; — je vois qu'il vient de terminer la suscription d'une lettre.

Pour être juste, je dois déclarer que cela n'a pas duré plus de trois secondes. M. Zola se lève, s'incline correctement, peut-être avec un peu de gêne ou de raideur, mais cette allure, qui semble un peu étudiée, est tempérée par un cordial serrement de main.

Après quelques nouvelles que je donnai à M. Zola de plusieurs de ses amis, qu'il n'a pas vus depuis longtemps, j'arrivai résolûment au but de ma visite. Au surplus, comme M. de Amicis, je n'avais pas Parodi pour introducteur et intermédiaire.

M. Zola me mit tout de suite à l'aise.

— Je ne sais exactement ce que vous voulez faire sur moi, me dit-il ; mais vous êtes le bienvenu. Questionnez-moi — et je vous répondrai sans ambages.

Et voilà comment deux heures et demie durant — de dix heures et demie du matin à une heure de l'après-midi — j'ai questionné M. Zola.

II

Tout d'abord, me dit M. Zola, je dois vous mettre en garde contre tout ce qui a été publié sur mon compte. L'étude la plus consciencieuse, la plus exacte et la plus habilement faite, en ce qui me concerne, est celle de M. de Amicis. Je vous engage à la lire, si vous ne la connaissez pas déjà. Elle pourra vous être utile. Cependant une erreur grossière s'est glissée dans la relation faite par notre confrère.

En sa qualité d'Italien, de Amicis ne peut manquer d'être musicien — et je ne mets pas en doute que, lors de la visite qu'il m'a faite, quelque gracieuse mélodie, sortie tout armée de son imagination, ne soit venue résonner doucement à ses oreilles. Hélas! pourquoi faut-il qu'il ait cru que cette mélo-

2

die fût exécutée par des enfants — et que ces enfants fussent les miens ? Croiriez-vous que, dans le portrait qu'il a fait de moi, il représente « les petits Zola ajoutant une note gracieuse qui me rendait plus noble et plus aimable » ? Ce sont ses propres expressions. Or, vous n'ignorez pas que, si je suis marié, je ne suis nullement père de famille. Jugez, par conséquent, si mes amis ont dû se tordre en entendant le chœur « des petits Zola » (1).

Mon père, poursuivit M. Zola, est né à Venise en 1796 ; il est mort en 1847. J'avais sept ans quand une courte maladie l'emporta brusquement. Je suis né le 2 août 1840, à Paris, où ses travaux appelaient souvent la famille. Si mes souvenirs sont exacts, « j'ai vu le jour » dans la maison qui porte le n° 10 de la rue Saint-Joseph.

(1) Notons, à ce propos, que M. Zola a deux petits chiens ; leurs jappements n'auraient-ils pas trompé les oreilles de M. de Amicis ? Ce serait, au moins, bizarre.

Mon père était un mathématicien distingué ; il a laissé plusieurs ouvrages très-estimés sur la trigonométrie.

Il se trouva mêlé aux événements politiques et fut victime d'un décret de proscription qui le força de se réfugier en Autriche. Bientôt il se rendit en Angleterre, où il se livra à d'importants travaux d'irrigation ; de là, il vint en France, où il servit dans la légion étrangère, avec le grade de capitaine.

Ingénieur civil à Marseille, mon père s'occupa activement de la création d'un nouveau port et préconisa alors l'idée soulevée depuis de la création d'un port-sud — ajoutant qu'on serait tôt ou tard forcé de revenir à cette idée.

Enfin, il ne tarda pas à se fixer à Aix, où il fit creuser un canal qui porte son nom.

Ici, M. Zola se leva et me montra, avec une lueur d'orgueil dans les yeux, un tableau — bien mauvais, du reste — représentant le canal en question et portant en exergue : CANAL ZOLA.

Ce canal, — poursuivit-il, — donne sur une gorge appelée vulgairement « barrage de Jaumegarde ». Il a été creusé dans les propriétés du père du général de Galliffet. Un diable d'homme que le père du général de Galliffet! Inféodé aux théories de l'ancien régime, il les mettait volontiers en pratique, brutalisant ses hommes et leur tannant le cuir sans scrupule.

Mon père comptait parmi ses amis et protecteurs M. Thiers. C'est grâce à l'appui de cet homme d'État qu'il obtint l'autorisation de constituer la Société qu'il dirigea pour l'exécution des travaux du canal et du barrage de Jaumegarde. Par malheur, mon père mourut au moment où l'entreprise pouvait entrer dans sa période de réalisation.

Ma mère, digne et excellente femme, Beauceronne d'origine, — elle est, comme Sarcey, née à Dourdan, — était animée des meilleures intentions; mais elle ne s'entendait guère aux affaires et son inexpérience nous conduisit à la ruine.

Ayant hérité des priviléges acquis par mon père dans la Société du barrage de Jaumegarde, elle avait le droit de choisir les administrateurs de cette Société ; elle laissa abuser sa religion et, bientôt, circonvenue par les uns, dupée par les autres, elle vit passer son avoir et ses prérogatives dans des mains étrangères. Elle resta ainsi avec des dettes pour toute fortune — et je me trouvai dès lors livré à mes propres ressources, sans argent, mais non sans charges. Il est vrai que la confiance en moi et l'espoir dans l'avenir ne m'abandonnèrent jamais !

***

Pour parler plus particulièrement de moi, continua M. Zola, j'avais trois ans quand ma famille quitta Paris pour venir s'installer à Aix. Pendant ma jeunesse, je fis deux voyages dans la grande ville : l'un à l'âge de sept ans, l'autre à l'âge de onze ans. D'apparence robuste aujourd'hui, j'étais alors malingre et d'une constitution maladive. Je fis mes premières études au collége d'Aix — et je n'entrai en huitième qu'à l'âge de douze ans. C'était un peu tard pour commencer le latin! Aussi, quand, à dix-huit ans, ma mère me conduisit au lycée Saint-Louis, à Paris, j'en étais seulement à ma seconde.

Bon élève à Aix, où je remportai des succès, sinon éclatants, du moins estimables, je devins mauvais élève à Paris. C'est que j'étais déjà lancé dans le mouvement littéraire et que je lui appartenais corps et âme! Je délaissai mes classiques pour lire avec avidité Montaigne, Rabelais, Diderot et Hugo. Ah! Hugo... j'étais fou de lui à ce moment-là.

Cela vous explique que, contrairement à ce qu'on a affirmé, je ne sois pas bachelier. Est-ce pour la même raison que Daudet n'est pas plus avancé que moi? Je l'ignore. Toujours est-il qu'il est assez étrange de voir deux romanciers en vue n'avoir même pas, dans les rangs de l'Université, l'épaulette de sous-lieutenant.

A partir de la fin de l'année 1859, je restai

durant près de trois années sur le pavé de Paris, « butinant bien un peu dans l'Hymette », mais me bornant à mettre sur pied quelques mauvais vers.

Pourtant, je fus employé pendant deux mois aux Docks de la Douane. Déjà, quand j'y entrai, cette entreprise était en déconfiture; je n'y fus attaché qu'à titre auxiliaire, sur la recommandation d'un ami, M. Labaume, avoué, et syndic de la liquidation.

Au mois de février 1862, je fus attaché à la maison Hachette. Je n'en sortis que le 31 janvier 1866. Le premier mois, j'avais 100 francs d'allocation; le dernier, j'en avais 200. J'étais chef de la publicité et, à ce titre, je me fis beaucoup de relations dans le monde littéraire.

*
* *

Ici, j'interrompis M. Zola.

— Je me souviens, lui dis-je, de certain article publié sur vous par Vallès. Me permettez-vous de vous le rappeler?

— J'ai, en effet, me répondit-il, connu Vallès chez MM. Hachette. Maintenant ai-je tenu le propos qu'il me prête? Ai-je dit, en me frappant la tête : « Je suis certain d'arriver, car je sens que j'ai quelque chose là? » Je ne m'en souviens pas. Mais la chose n'est pas impossible; j'ai toujours eu une absolue confiance dans mon énergie, dans ma volonté...

*
* *

... Quoi qu'il en soit, reprit M. Zola après une pause, j'étais chez MM. Hachette lorsque je publiai, en 1864, les *Contes à Ninon* et en 1865 la *Confession de Claude*. Ces messieurs voyaient d'un mauvais œil mes travaux littéraires ; peut-être jugeaient-ils que je gaspillais du temps qui devait leur appartenir. De plus, la *Confession de Claude* leur avait paru quelque peu raide.

Aussi, un beau jour, l'un d'eux me dit-il à brûle-pourpoint :

— Vous gagnez 200 francs par mois, ce qui est dérisoire. Vous avez beaucoup de talent et vous feriez mieux de ne vous occuper que de littérature. Vous trouveriez ainsi honneur et profit.

C'était un coup droit qu'on me portait — je le compris. Nous étions à la fin de novembre 1865. Je donnai ma démission pour le 31 janvier 1866, ne voulant pas m'exposer aux éventualités de la misère, à l'échéance déjà pénible d'une fin d'année.

Quelques jours après, je rencontrai Bourdin, le gendre de Villemessant, à qui je confiai mes infortunes.

— Vous devriez, me dit-il, écrire à Villemessant. Demandez-lui de *faire* les livres. Jusqu'à présent il n'a trouvé personne qui lui convînt pour cette besogne. Dites-lui que vous avez des relations en librairie, que vous vous procurerez les « bonnes pages » de toutes les publications et que vous ferez vos comptes rendus par anticipation, — donnant la veille les extraits du livre qui paraîtra le lendemain.

J'écrivis, et par courrier je reçus réponse favorable. J'entrai au *Figaro* le 1er février 1866, — c'est-à-dire le lendemain de ma sortie de la maison Hachette.

III

C'est quelques mois plus tard, interrompis-je, que vous avez publié cette étude sur la *Neige* que la *Paix* a eu l'heureuse idée de reproduire.

— Oui, répondit M. Zola, et cet article a son histoire. Chaque chronique acceptée m'était payée cinquante francs. Lorsque je remis mon étude, une couche épaisse de neige recouvrait le sol ; mais, arrivé trop tard, l'article devait n'être composé que le lendemain et, par conséquent, ne paraître que le surlendemain. Précisément, le lendemain les brumes se dissipèrent et la neige fondit comme par enchantement, sous l'action d'un soleil inattendu.

Jugez de mon désappointement ! J'avais besoin d'argent — et mes cinquante francs m'échappaient! Tout un long mois, le ciel resta habillé de bleu et l'article demeura sur le *marbre*. J'étais désespéré, exaspéré. Pourtant, un jour, l'horizon roula de gros nuages sombres et des papeluches blanches descendirent lentement sur le sol. J'étais sauvé. Je touchai mes cinquante francs...

En somme ce qui parut de moi au *Figaro* est au moins peu brillant. J'ai même publié dans ce journal un roman exécrable : *le Vœu d'une Morte* (1). La seule chose qui me mit en évidence, c'est le compte rendu que j'y rédigeai du Salon de 1866, sous ce titre : *Mon Salon*. Ce fut un branle-bas général, une véritable révolution. Songez que j'osais critiquer, attaquer, contester la méthode de M. Bouguereau et de M. Cabanel !

Mes haines, qui, en librairie, datent de 1868, furent publiées, sous forme d'articles séparés, dans le *Salut public* de Lyon ; l'un de ces fragments, l'étude sur Taine, parut pourtant dans la *Revue contemporaine*. Je me

(1) Edité depuis chez Achille Faure. A disparu de la circulation.

souviens, à ce propos, que cette étude ne m'a jamais été payée ; c'est, en semblable occurrence, une des rares pertes d'argent que j'aie faites...

Quant aux *Contes à Ninon,* dont je vous ai déjà parlé, ils ont paru antérieurement à leur publication en volume, dans la *Revue du mois,* journal qui appartenait à M. Mazure, aujourd'hui député.

IV

Je m'intéressai vivement au rôle militant de M. Zola dans la presse et à son opinion sur le journalisme contemporain. Je cite textuellement ses paroles.

— Je considère que le journalisme, s'il ne sert pas d'instrument politique ou de tribune littéraire, ne peut constituer qu'une situation transitoire, ou plutôt préparatoire. Je vous en parle savamment, moi qui ai fait de tout dans le journalisme — depuis le vulgaire *Fait-divers* jusqu'à l'article politique. L'immense avantage du journalisme, c'est de donner une grande puissance à l'écrivain. Dans un *Fait-divers,* le premier venu peut poser la question sociale. De plus, doit-on compter pour rien l'éducation littéraire, l'habitude d'écrire qu'on acquiert ainsi ? Sans doute il faut avoir les reins solides; cette besogne à la vapeur tuera les moins robustes, mais les forts y gagneront. Et je le dis sans fard, je ne m'occupe que de ceux-ci; je ne m'apitoie nullement sur le sort des vaincus, quand c'est leur faiblesse qui est coupable. Il faut, dans la vie, avoir du tempérament. Sans énergie on n'arrive à rien. Enfin, le journalisme donne aujourd'hui au littérateur le pain quotidien et lui assure ainsi l'indépendance. Je voudrais pouvoir exprimer toute ma pensée là-dessus. Je le ferai certainement plus tard, car il y a là une question vitale: les écrivains du siècle dernier étaient des valets parce qu'ils ne gagnaient pas d'argent, et c'est cette bataille de l'écrivain contemporain, que nous avons tous soutenue, contre les exigences de la vie, qui nous a valu Balzac...

... Hélas! je soulève là tout un monde et il me faudrait des journées entières pour m'expliquer.

J'ai donc, continua M. Zola, beaucoup travaillé dans le journalisme, quoique j'aie peu fréquenté les bureaux de rédaction. Quand j'étais pauvre, alors que mes romans ne se vendaient pas, j'ai fait du journalisme pour gagner de l'argent ; j'en fais aujourd'hui pour défendre mes idées, pour proclamer mes principes.

Successivement j'ai travaillé à la *Situation,* au *Petit Journal,* au *Salut public,* de Lyon, à l'*Avenir national,* à la *Cloche,* — où j'ai fait le Courrier de la Chambre, au *Corsaire,* qu'un méchant article de moi, intitulé « Le lendemain de la crise » fit supprimer, à la *Tribune,* etc. A la *Tribune,* une particularité me frappa. Tout le monde était pour le moins candidat à la députation, il n'y avait que moi et le garçon de bureau qui ne fussions pas candidats !

Je vous ai dit que j'étais entré au *Figaro* en 1866 ; il m'était alloué six mille francs d'appointements, mais mes chroniques et certains travaux m'étaient payés à part. Si bien que, pendant l'année 1867, en comptant un roman et mon Salon, j'ai réalisé, au moins.

au *Figaro,* une dizaine de mille francs. Je me souviens de cette année comme de l'une des plus belles de ma vie. Je ne puis me la rappeler sans attendrissement! Pour la première fois, mon travail me permit d'aller voir les champs et les bois, les prés verts et les arbres touffus, enfin cette belle nature que j'aime tant!...

*
* *

En 1870, à l'époque du siége, je me trouvais à Marseille. L'état de santé de Mme Zola m'avait forcé de me rendre dans le Midi. Là encore, ce fut le journalisme qui me sauva.

Je connaissais un brave homme nommé Léopold Arnault, alors directeur du *Messager de Provence.* C'est dans son journal qu'avait été publiée l'une de mes œuvres de jeunesse, les *Mystères de Marseille,* que la *Lanterne* a reproduite sur mon autorisation et qu'on m'a jetée niaisement à la figure, sous le prétexte que ce roman est d'une honnêteté scandaleuse et d'une moralité imbécile. Arnault m'offrit d'écrire dans le *Messager de Provence*. L'offre n'était pas tentante. Je le lui dis très-franchement et je lui proposai de fonder un journal. Il accepta et nous fîmes paraître la *Marseillaise* — la *Marseillaise* de Marseille — qui vécut jusqu'à mon départ pour Bordeaux. La *Marseillaise* était un journal d'opposition d'une opinion avancée. Nous étions au moins de la nuance de M. Gambetta, — de M. Gambetta d'alors. Personnellement j'étais au mieux avec le préfet Esquiros, — un *pauvre homme*, Esquiros ! J'ai enfin connu Gaston Crémieux et sa mort me révolte ! La *Marseillaise* tira jusqu'à quinze et vingt mille exemplaires.

Pendant mon séjour à Marseille, j'entrai en relations avec le *Sémaphore*.

Je fut correspondant de ce journal, à Paris, jusqu'en 1877. L'*Assommoir* se vendait depuis sept mois que par mesure de précaution j'envoyai chaque jour ma correspondance. Cela pour quelques cents francs par mois.

Et, à ce propos, permettez-moi de vous faire remarquer qu'il y a tout au plus quatre ans que je gagne de l'argent.

C'est grâce aux sollicitations de mon digne et vieil ami Tourguéneff que j'ai obtenu la correspondance du *Messager de l'Europe*, de Pétersbourg, qui, au début, ne me valut pas moins de sept à huit cents francs par mois.

Enfin, vous m'avez connu au *Bien public*. J'avoue qu'au moment où je suis entré à ce journal pour y rédiger le feuilleton dramatique, ma situation n'était pas ce qu'elle est aujourd'hui ; c'est pourquoi j'avais surtout pour objectif les six mille francs que me rapportait ce feuilleton. Plus tard, quand l'aisance arriva, lorsque je me sentis devenir une force, la question d'argent ne fut plus que secondaire ; je me servis de mon feuilleton comme d'une tribune !

Ainsi, vous le voyez, le journalisme est à la fois un moyen et un but. De plus, c'est une arme terrible. Combien de littérateurs, et des plus estimables, seraient heureux de pouvoir s'en servir et de trouver en outre quelques subsides! Néanmoins, il est convenu que le journalisme est une galère. Les journalistes parisiens ne le crient-ils pas pardessus les toits, discréditant ainsi leur œuvre? Pour n'en citer qu'un exemple, je me trouvai, à l'époque où j'écrivais *Nana,* chez une femme légère. J'y avais dîné en compagnie de quelques journalistes, parmi lesquels Sarcey et Chapron. Après le dîner, Chapron se mit à causer du journalisme, ou plutôt à en médire. C'était un feu d'artifice d'exclamations de toutes sortes! « — Quel ignoble métier! — Le journalisme, une carrière!... — C'est une honte!... » Et patati, et patata...

A la fin, j'avais les nerfs tellement montés que je ne pus m'empêcher de lui dire :

— Alors, mon cher monsieur, pourquoi faites-vous du journalisme? Il y a tant d'autres métiers honorables et honorés! Qui vous empêche de déserter les rangs de cette Presse que vous trouvez détestable?

Et voilà, ajouta M. Zola, pourquoi Chapron « m'éreinte » aujourd'hui dans l'*Événement*.

— Quelle est, demandai-je, votre opinion sur la critique ?

— En France, répondit M. Zola, on ne fait pas de critique. Je pourrais même dire qu'on n'en a jamais fait ! Tous nos critiques ont des amitiés à ménager, sinon des intérêts à préserver. D'ailleurs le métier de critique est un casse-cou. Soyez franc, au bout de quelques jours vous n'aurez plus que des ennemis ! Aussi, je trouve que les vieux sont trop compromis par leurs relations ; j'estime que ce sont les jeunes, qui n'ont point d'affections gênantes, qui devraient faire de la critique. Ils se tremperaient, ils se fortifieraient ainsi ! Ce serait, en quelque sorte, pour eux, le baptême du feu. Ce que je vous dis là est d'ailleurs ce que j'ai déjà dit à l'un de ces jeunes, d'une grande valeur celui-là, et que vous connaissez fort bien, Paul Bourget, que j'ai vu avec peine se fourvoyer dans le clan Richepin !

— Ne vous est-il jamais venu à l'idée, dis-je à M. Zola, d'avoir la direction d'un journal, dans lequel vous défendriez et propageriez vos idées ?

— On m'a fait des propositions dans ce sens. Même, il y a huit mois, l'entreprise a été sur le point d'aboutir. Aujourd'hui mes travaux littéraires ne me permettraient pas d'accepter une telle responsabilité ; cependant, je ne dis pas que, plus tard, cette idée ne sera pas mise à exécution...

— Vous publieriez alors un journal politique ?

— C'est-à-dire que je ferai l'ancien *Figaro,* en déposant un cautionnement au Trésor pour avoir, à l'occasion, le droit de traiter les questions politiques. Je prendrai les événements et les hommes de très-haut. Je ferai table rase des calculs et des convoitises. Je ne m'inféoderai à aucune coterie et je tiendrai sur tout mon franc parler. Je crois qu'un tel journal réussirait ! En tous cas, ce serait un curieux document pour l'avenir...

V

ALORS M. Zola s'arrêta.

J'abordai, non sans hésitation, une question d'une nature particulièrement délicate.

— Après tous ces essais, ces difficultés résolues, lui demandai-je, n'avez-vous pas signé avec M. Charpentier un traité qui vous assurait six mille francs par an, contre la remise de deux ouvrages? Ne vous trouviez-vous pas ainsi dans une situation qui vous permît de vaquer paisiblement à vos travaux littéraires?

— C'est là, me répondit-il, une erreur qui a cours. En somme, ma situation était assez misérable et je cherchais depuis longtemps, à trouver les six mille francs annuels que je jugeais nécessaires pour travailler, de tout repos. Mais la chose n'était pas aisée. Malgré les critiques assez vives qu'avaient soulevées mes premiers ouvrages, en dépit du bruit qui s'était fait autour de mon Salon du *Figaro,* mes volumes se vendaient peu. J'allai voir non pas Charpentier, mais l'éditeur Lacroix, avec qui j'étais en relations d'affaires, — et voici ce qui fut convenu entre lui et moi.

*
* *

Je devais écrire un roman par semestre, que Lacroix m'éditerait moyennant une *avance* de 3,000 francs. Cela faisait 6.000 francs par an; mais comme il était peu probable que le bénéfice réalisé par la vente des ouvrages fût suffisant pour rembourser Lacroix de cette avance, je m'engageai à le couvrir par un report sur les droits de publication de mes ouvrages dans les journaux. C'était à moi à chercher ces derniers et à y faire recevoir mes romans, si je ne voulais pas rester le débiteur de Lacroix.

C'est d'ailleurs ce dernier cas qui se produisit. Lorsque la maison Lacroix sombra, j'étais son débiteur d'une somme de quelques mille francs, — la *Conquête de Plassans* et la *Fortune des Rougon* avaient été publiées par le *Siècle*, enfin le commencement de la *Curée* avait paru dans la *Cloche*, ce qui avait diminué ma dette, — mais Lacroix, dont la situation était obérée, m'avait fait faire des renouvellements pour une somme d'au moins vingt mille francs.

Par suite, je fus poursuivi, traqué et je dus prendre des arrangements pour le mieux.

Peu après, M. Charpentier offrit à Lacroix de lui acheter les droits qu'il tenait du traité, ce dernier ayant toujours cours. La cession fut consentie par Lacroix et eut lieu dans des conditions excellentes.

Cependant, il advint que mes volumes se vendirent et que le traité fut une excellente affaire pour l'éditeur. Un jour que je demandais de l'argent, M. Charpentier me dit :

— J'ai fait nos comptes, voici votre situation.

Je constatai avec stupeur que je devais un peu plus de dix mille francs à M. Charpentier. Celui-ci, se tournant vers moi, me regarda en riant ; puis, déchirant le traité :

— Je gagne de l'argent avec vos ouvrages, me dit-il, et il est juste que vous ayez votre part dans les bénéfices. Ce n'est plus six mille francs que je vous offre annuellement, mais une remise de cinquante centimes par volume vendu. A ce compte-là, le seul que j'accepte, c'est vous qui êtes mon créancier ; il vous est redû la somme assez ronde de douze mille francs que vous pouvez toucher. La caisse est ouverte !

— Je vous signale ce procédé-là, ajouta M. Zola, je crois que peu d'éditeurs en sont capables !...

***

Un hors-d'œuvre :

Si on calcule qu'on a tiré la quatre-vingtième édition de *Nana* (1), le dernier roman de M. Zola, que ce roman a déjà paru dans le *Voltaire* et qu'il est reproduit par plusieurs feuilles de Paris, de la province et de l'étranger, — si, en outre, on considère que M. Zola a un feuilleton dramatique et qu'il est le correspondant littéraire de plusieurs journaux importants, notamment du *Messager de l'Europe* et de la *Nouvelle Presse libre,* de Vienne, — on peut se faire approximativement une idée de ce qu'il gagne aujourd'hui.

*
* *

Je résolus alors de questionner M. Zola sur sa façon de vivre et de travailler.

— Je me lève, dit-il, à neuf heures du matin. Je travaille jusqu'à une heure de l'après-midi. Je fais le matin mon travail le plus sérieux : roman, théâtre, critique litté-

(1) Chaque édition est de onze cents exemplaires en comptant la *main de passe*. L'*Assommoir* a été tiré à quatre-vingt-une éditions de onze cents exemplaires; la *Curée* a eu vingt et une éditions, la *Faute de l'abbé Mouret*, dix-sept, etc.

raire, etc. L'après-midi est réservée à des travaux moins importants : correspondances étrangères et articles de journaux. Je me suis astreint à un travail régulier, et il est rare que je m'en écarte; de la sorte, quand tous mes documents sont préparés, quand toutes mes recherches sont terminées et quand toutes mes observations sont faites, il faut à peu près un égal espace de temps pour livrer mes volumes à la publicité.

Ainsi, généralement, je publie un roman par an; néanmoins, vous avez pu constater que *Nana* a paru beaucoup plus d'un an après *Une page d'amour* (1). Tout cela dépend surtout des recherches inhérentes au sujet. Il est faux, d'ailleurs, que je livre jamais rien au hasard. Je suis, avant tout, soucieux de la vérité dans l'action et de l'exactitude dans les détails. Si les principaux épisodes de l'ouvrage, ceux-là qui donnent matière aux descriptions, doivent inévitablement se pro-

(1) Par contre, la *Curée* a été faite en quatre mois.

duire, ces épisodes ne sont point amenés par le hasard, comme l'a prétendu un journaliste anglais, mais par des circonstances étudiées, calculées, préparées et bien définies.

Ils ne nuiront jamais au développement de l'œuvre et ne se trouveront jamais en opposition avec les types caractéristiques du roman. Au surplus, je ne lance jamais ces derniers dans la bataille sans les avoir armés de pied en cap. Tout est prévu, déterminé, réglé. Je sais encore plus où ils iront que d'où ils partent. Ils ne traversent pas, au hasard, une époque ou une suite d'événements; ils sont le produit de cette époque, le résultat de ces événements, et ils vont fatalement à un but.

— Il est incontestable, dis-je à M. Zola, que vos romans sont surtout le résultat de l'observation. Vous avez suivi chacun de vos personnages pas à pas, vous avez étudié sa vie, disséqué ses passions, diagnostiqué son mal. Ainsi moi, que le métier de reporter oblige à connaître la vie intime, secrète des personnages qui roulent sur le boulevard cet écrasant rocher de Sisyphe qui se nomme l'Importance et le Désœuvrement, je pourrais mettre un nom à tous les personnages de vos romans parisiens, — de *Nana,* par exemple. Cependant il m'apparaît que tous ces types n'appartiennent pas à la simple observation.

— La légende, reprit vivement M. Zola, veut que je n'aie été qu'un scrupuleux photographe, doublé d'un détestable faiseur de bons mots. On a rapproché les noms de mes personnages de ceux de gens fort connus de tous, — excepté de moi. Peu importait d'ailleurs que, entre ceux-ci et ceux-là, il y eût ou non ressemblance de caractères ! La similitude de noms suffisait, si bien qu'en réalité on m'en a cru réduit à faire des calembours. Vous avouerez que ce n'est guère flatteur !

Cette question de la création des personnages devait nous mener à des questions autrement graves.

— Vous ne m'étonnez point, poursuivit M. Zola, en me parlant de cette légende. Il y a longtemps qu'elle a cours. Dès 1868, c'est-à-dire avant la chute de l'empire, tout le plan des *Rougon-Macquart* était préparé, arrêté. Dans *Madeleine Férat*, vous pourrez trouver l'idée que j'avais déjà de faire la physiologie d'une famille. A cette époque, j'avais lu l'*Hérédité naturelle* du docteur Lucas et les ouvrages de physiologie de Claude Bernard. J'avais été vivement frappé de leurs théories. La *Conquête de Plassans* a paru avant la guerre. Pouvais-je prévoir que la chute dût arriver à si courte échéance? Evidemment non. Cela n'a point empêché et n'empêche point encore le public de voir M. Rouher dans S. E. M. Rougon.

J'avoue qu'Eugène Rougon ressemble étrangement à Eugène Rouher, mais il n'en est pas moins vrai que j'ai choisi le nom de Rougon parce qu'il est très-commun dans le Midi et qu'il sonne agréablement à l'oreille, et que j'ai pris le prénom d'Eugène absolument au hasard, comme j'eusse pu prendre Oscar, Emile, Edmond ou Pancrace. Cependant, le public n'admettra jamais cela. Il s'emparera de trois ou quatre traits d'esprit ou de caractère qui sont incontestablement communs à M. Rouher et à Eugène Rougon, — et le reste lui importera peu! Eugène Rougon sera toujours pour lui M. Rouher...

— Combien, hasardai-je, la série des *Rougon-Macquart* fera-t-elle de volumes?

— Vingt.

Et, à propos de mes publications futures, je ne sais plus qui a dit que je comptais prochainement faire un roman en prenant pour sujet la lutte du grand et du petit commerce. Je ne me livrerai point à un travail aussi lourd, aussi épineux, aussi fatigant, après une étude qui, comme *Nana,* a remué soixante ou quatre-vingts personnages. Tout au contraire, je veux faire un roman intime, à peu de personnages, écrit avec une grande simplicité de style *et dans lequel j'essaierai d'abandonner la description*. Ce sera une sorte de réaction contre mes œuvres antérieures. *Les deux idées de la douleur et de la bonté domineront cette étude,* qui, du reste, ne paraîtra pas avant dix-huit mois ou deux ans.

— Ne comptez-vous donc rien publier avant une époque aussi éloignée ?

— J'ai surtout l'intention de m'occuper de théâtre. Je prépare une pièce pour l'une de nos principales scènes. Cette pièce, je la signerai. Mais il en est d'autres auxquelles je collabore ou que je me contente d'inspirer et que je ne signerai pas.

Je passe sous silence ma collaboration à quelques ouvrages tels que les *Soirées de Médan*.

Enfin, je m'occupe en ce moment de réunir en trois volumes, chez Charpentier, tous mes articles de critique, en les soudant ensemble de façon à leur donner un regain d'actualité.

Le premier volume comprendra mes articles de critique théâtrale ; le second renfermera mes portraits littéraires ; le troisième traitera de questions générales.

*

Je désirais d'autres explications sur le complément de la série des *Rougon-Macquart*.

— Si je ne me trompe, dis-je à M. Zola, neuf volumes de la série ont déjà été mis en vente. Il reste donc onze volumes à publier.

— Parfaitement. Mais, si mon plan général est formé, il n'en est pas moins vrai que plusieurs cases en sont restées vides. Je ne sais si je me ferai bien comprendre, mais je désirerais faire deux ouvrages de récréation, dans lesquels j'emploierai des formules qui ne me sont pas habituelles...

En somme, ce qui reste à publier des *Rougon-Macquart* comprendra :

1° Un volume, *Pauline Quenu* ;

2° Une étude sur les chemins de fer avec Etienne Lantier pour héros. J'y mêlerai la vie d'une gare, ou plutôt d'une ligne de chemin de fer;

3° Une étude sur l'art avec Claude Lantier;

4° Une étude sur les grands magasins, avec Octave Mouret;

5° et 6° Deux volumes avec Jean Macquart.

Le premier volume formera une étude sur les paysans. Ce sera mon œuvre de prédilection. Malheureusement, je ne puis y travailler tout de suite. J'irai demander à un propriétaire qu'il veuille bien nous recommander, ma femme et moi, à l'un de ses fermiers, et nous irons passer six mois à la campagne. Je ne choisirai ni la Beauce, qui est monotone, ni la Bretagne, qui est triste, ni la Sologne, qui est ennuyeuse, mais la vallée d'Auge.

Le second volume sera une étude militaire. J'avais, tout d'abord, l'intention de faire cette étude sur la guerre d'Italie, mais j'ai choisi Sedan. Sedan ferme le cycle dans lequel se meuvent mes personnages ; de plus, je ne connais pas l'Italie;

7° Je reprendrai le peuple. Dans l'*Assommoir*, j'ai peint la vie du peuple... J'étudierai l'idée politique chez lui. J'assisterai aux réunions ouvrières et j'en ferai un tableau; en un mot, je montrerai l'ouvrier dans son rôle social. Il y aura dans ce volume une étude sur la presse et peut-être aussi sur la magistrature ;

8° Un roman judiciaire, avec l'un des fils de Lantier ;

9° Un dernier roman avec le médecin Pascal Rougon. Fait qu'on n'a pas remarqué, j'ai conservé comme personnages épisodiques la fille d'Aristide Saccard et la vieille aïeule, qui est âgée de quatre-vingt-dix ans.

Deux cases restent vides, ce sont celles indiquées précédemment.

*
* *

Quelques journaux, parmi lesquels la *Nouvelle Revue*, de Mme Adam, dit encore M. Zola, m'ont adressé un reproche qui ne manque pas de justesse. Après avoir relevé certaines erreurs de date, surtout à propos de *Nana*, ils ont fait remarquer que tous mes personnages accomplissaient, à la même époque et en quelques années, plus de faits que la vraisemblance ne le comportait. Le reproche est juste et je crains beaucoup qu'il ne puisse encore s'appliquer à deux ou trois autres volumes; mais ne prouve-t-il pas ce qu'on me conteste tant, c'est-à-dire que le plan des *Rougon-Macquart* était fait depuis longtemps? Je prévoyais 1870, mais, je l'ai déjà dit, la chute est venue plus tôt que je ne le supposais. J'avais établi l'âge de mes personnages, et je comptais, en quelque sorte, développer leur existence au prorata de la mienne. Mes personnages « se sont cassé le nez » contre 1870, je le reconnais bien volontiers. De même, je concède que j'ai dû tricher et que Nana, par exemple, fait en trois ou quatre ans ce qu'elle devrait faire en dix ans. La raison en est que je n'ai pas voulu déborder du second empire...

*
* *

Après un temps de repos, je dis à M. Zola :

— Il ne me reste guère qu'une question à vous adresser ; mais elle est grave, puisqu'elle a trait au naturalisme...

M. Zola m'interrompit :

— Je ne suis en critique, fit-il, qu'un constatateur. J'appartiens à l'école de Taine et je me compare au botaniste qui classe dans son herbier les diverses plantes, en mettant en regard leurs vertus utiles ou leurs propriétés dangereuses. Je n'ai pas déterminé le courant du naturalisme, je l'ai suivi. Le naturalime n'est pas un système. Claude Bernard disait « : Je n'apporte pas de médecine nouvelle, de système nouveau ; j'éclaire les anciens systèmes d'un jour tout nouveau. » Je pourrais répéter les paroles de l'illustre savant. Le naturalisme est l'expression des idées qui traversent le siècle ; il a fait irruption dans l'école tapageuse et empanachée du romantisme; il la terrassera. La révolution s'est faite; le gouvernement régulier va venir, qui enrégimentera les soldats; il endiguera les flots d'un courant trop impétueux et qui déborde. Pour moi, je le répète, je n'ai rien, absolument rien découvert. Vous trouverez l'expression de *Document humain* à la fin de l'étude de Taine sur Balzac et le mot *Naturalisme* a été prononcé avant moi par plus de vingt auteurs.

Cela dit, j'en reviens à la confusion voulue et de mauvaise foi qu'on a faite à mon égard entre le critique et le producteur. On dit que je ne suis pas toujours d'accord avec moi-même. Mais je ne le conteste pas, je sais fort bien que je suis empanaché. Est-ce ma faute si la puissance du romantisme a été telle que les plus résolus de ses adversaires ont tant de peine à se débarrasser de son influence pernicieuse? J'aime la langue classique, — cette langue calme et sévère, pourtant sonore et harmonieuse. Je désirerais qu'on la parlât et je voudrais l'écrire.

5.

Suis-je donc si coupable si, en dépit de mes efforts, je n'arrive pas à la parler, à l'écrire ? Et cela doit-il m'empêcher de prodiguer des conseils que je crois sages et utiles ?

*
* *

— Il n'en est pas moins vrai, interrompis-je, que l'école naturaliste vous considère comme son chef direct et autorisé.

Ici, M. Zola, dont la placidité de caractère ne s'était pas démentie un seul instant, parut irrité et me dit brusquement :

— Je ne suis pas, je ne veux pas être chef d'école !... C'est encore une légende qu'il faut détruire ! Je suis, selon l'occasion, porte-drapeau ou porte-voix. Je cherche, dans mes romans, à tenir haut et ferme le drapeau du naturalisme ; j'essaie enfin, dans mes études de critique, de défendre ses droits et ses prérogatives. Rien de plus.

Voulez-vous savoir ce qui me fait surtout considérer comme chef d'école ?

C'est que je dis tout haut ce que les

autres disent tout bas. Ce que j'écris n'est, en somme, que le résumé fidèle des conversations que j'ai avec mes amis littéraires. Quelques-uns, et des plus grands, se tiennent sur la réserve, parce que des raisons les y forcent sans doute, tandis que moi, j'ai conquis assez chèrement ma liberté pour pouvoir m'exprimer librement.

Mais, je le répète, au risque d'être démenti par eux, leur pensée est absolument conforme à la mienne ; leur jugement est, en tout, identique au mien.

Je ne saurais donc trop protester contre la qualification qu'on me donne de chef d'école. Je ne suis que le cadet de Flaubert et de Goncourt ; de même je ne suis que le frère d'armes de Daudet. Seulement, comme je suis plus hardi, tranchons le mot, plus franc qu'eux, le public, qui ne connaît ni aînés, ni cadets et qui juge les hommes d'après ce qu'ils osent, se dit : — Mais celui-là est le chef, puisqu'il dit tout haut ce que les autres taisent avec tant de persistance !

Aussi bien, continua M. Zola, on n'invente rien. Les événements surgissent, fatalement, implacablement, et les hommes s'y trouvent mêlés de gré ou de force. Telle est la règle absolue du progrès humain. Qui osera nier, par exemple, que le romantisme existât avant Hugo et surtout autour de Hugo? Le romantisme! Mais vous le trouverez dans Chateaubriand — et même dans Rousseau. Vous constaterez surtout sa présence dans l'entourage de Hugo. Toutefois, avec la puissance énorme de son génie, Hugo a absorbé tout ce qui se trouvait autour de lui. C'est ainsi que je pourrais vous citer des phrases qu'il a copiées textuellement dans Michelet. En somme, je ne puis mieux le comparer qu'à l'éponge, qui, par ses propriétés absorbantes, dessèche à son profit tout ce qui se trouve autour d'elle et prend ainsi des proportions considérables.

Le malheur pour Hugo est qu'il est vieux; il n'a plus sa virilité d'antan. Oh! sans cela, vous le verriez au milieu de nous, et certainement à notre tête. Il comprendrait que nous sommes dans la vérité. Il est même probable qu'il nous absorberait, comme jadis il absorba de Vigny, Gautier, de Nerval et les autres... Mais il combattrait dans nos rangs... Et cela est tellement exact qu'il a des velléités de sacrifier à l'école naturaliste. Seulement, son entourage est implacable et l'homme n'a plus la puissance des premiers jours...

Notez bien, ajouta M. Zola, que j'ai été un fanatique de Hugo, et que, malgré tout, je reste un de ses plus sincères admirateurs...

— Tout cela est très-beau, dis-je, mais ne craignez-vous pas que l'avenir du naturalisme ne soit compromis par des exagérations de forme monstrueuses et systématiques ? Ne redoutez-vous pas, par exemple, que le style torturé et, — passez-moi le mot, — absolument écœurant de M. Huysmans n'engendre une terrible réaction et ne nous rejette dans les mièvreries de Delille ?

— Je suis très-franc, surtout vis-à-vis de

mes amis, répondit M. Zola. Quand Huysmans, que j'aime beaucoup, est venu m'apporter les *Sœurs Vatard,* je ne lui ai pas dissimulé que l'excès de son coloris ne me plaisait pas beaucoup; j'ai même ajouté que les petites ouvrières dont il parlait ne constituaient nullement le peuple et qu'elles ne s'y rattachaient que par un fil imperceptible; en réalité, je reconnais qu'elles constituent l'atelier de brochage que possède M. Huysmans, et rien de plus!

Du reste, ce dernier vous dira parfaitement qu'il n'a voulu peindre qu'un coin de la vie du peuple. De même, les Goncourt ne font pas de tableaux d'ensemble.

En vous rappelant donc que je n'ai point de disciples, je vous ferai remarquer que Huysmans ne procède pas de moi; s'il procédait de quelqu'un, ce serait des Goncourt. Sa personnalité était très-accusée avant la publication de l'*Assommoir!*

Pour me résumer, dit en terminant M. Zola, je crierai par-dessus les toits que je ne suis pas chef d'école et que je ne veux pas de disciples! Je marche vers un but que vous connaissez maintenant et je sens que, si je n'ai pas les encouragements de la presse, j'ai du moins les sympathies du public. Cela me suffit.

*
* *

Il ne me restait plus qu'à remercier M. Zola et à prendre congé de lui. Il me tendit la main avec cordialité; puis, après m'avoir reconduit jusqu'à la porte de son cabinet, il me salua de ce salut froid et correct qui m'avait déjà frappé lorsque j'avais été introduit auprès de lui.

VI

Le lecteur a vu que je me suis simplement renfermé dans le rôle de sténographe. J'ai pensé qu'il ne s'en plaindrait pas. Il veut de l'exactitude et dédaigne le fatras des commentaires. J'ai tenu à me conformer à ce désir.

Pourtant me sera-t-il permis de faire quelques réflexions, qui sont la suite logique et le complément naturel de cette étude ?

Dans la conversation que je viens de relater, j'ai pu juger M. Zola comme homme et l'apprécier mieux comme écrivain. Ce n'est point le pontife que des esprits jaloux ont représenté jusqu'ici; ce n'est pas, non plus, l'homme aimable dont parlent volontiers quelques-uns de ses fidèles. Tout d'une pièce, c'est un soldat qui va droit à son but, où le devoir et la consigne l'appellent, sans se laisser émouvoir ou déconcerter. Mais c'est aussi une nature indomptable et puissante, qui se jette à corps perdu dans la mêlée littéraire et qui préférera toujours l'âcre odeur de la poudre à l'encens corrupteur des thuriféraires.

Honnête homme et écrivain consciencieux, il est plein de son œuvre et soucieux de son art; mais il ressemble aux stratégistes qui, n'existant que pour la science de la destruction et ne devant vivre que par elle, comprennent si peu le but véritablement noble, sage et utile de la vie, que le plus souvent et par une contradiction bizarre, ces grands hommes sont de grands enfants et que ces terribles destructeurs sont de naïfs Prudhommes.

Conciliez cela, si vous pouvez; mais ce que vous ne nierez pas, c'est que cela soit ! M. Zola cherche à faire de son champ de bataille un champ de carnage — et cela ne l'empêche pas d'être l'expression la plus parfaite du Bourgeois, le type le plus accompli du Philistin.

Ce qu'on ne méconnaîtra pas, en tout cas, c'est sa témérité dans l'assaut qu'il livre au romantisme. Il a commencé hardiment l'attaque, froissant ses propres partisans, méprisant toutes les alliances, repoussant toutes les transactions; enfin, rompant en visière avec toutes les lois acceptées, toutes les méthodes reconnues, tous les principes indiscutés jusqu'alors. C'est ainsi qu'il nous a montré, tout d'abord, les nuances sombres de son tableau, sans s'inquiéter de l'effarement que nous causerait la nuit sinistre dans laquelle il nous plongeait, et qu'il attend la dernière heure pour y brosser le rayon de soleil qui doit illuminer et transfigurer son œuvre.

Certes la physiologie de la famille des Rougon-Macquart, restera. Si elle ne marque pas une étape nouvelle dans la littérature, elle demeurera, du moins, comme une puissante étude scientifique et médicale et comme la tentative la plus hardie et la forme la plus variée du roman expérimental.

Les flancs d'Adélaïde Fouque, l'hallucinée des Tullettes, sont assez larges pour contenir cette génération dans laquelle la folie mêlée à l'alcoolisme enfantera plus tard les merveilles les plus sublimes du génie humain après avoir couvé les turpitudes les plus répugnantes du vice et du crime !

Pris séparément, tous les types des *Rougon-Macquart* sont vrais et « humains » ! Qui de nous ne se souvient d'avoir heurté du coude Eugène Rougon, l'ambitieux inassouvi, Aristide Saccard, le spéculateur éhonté, le séraphique abbé Mouret et l'ivrogne Coupeau ? Qui de nous, dans cette société où le vice s'étale et se cote au grand jour, peut ignorer qu'il y a, comme Gervaise, des misérables qui se vendent par besoin ou par désespoir et qu'il existe des drôlesses qui se livrent pour tenter d'apaiser une inextinguible soif de honte, de jouissance et d'argent ?

Mais, à côté de ces cryptogames qui ont poussé dans la fange du terrain naturaliste, la névrose, développée par l'hérédité, va engendrer d'autres types plus vastes. Tandis qu'elle lancera l'un des deux fils de Lantier sur la voie rapide et fatale du crime, elle transportera l'autre jusque sur les cimes les plus élevées de l'Art triomphant et radieux. Enfin pour terminer cette étude physiologique, à côté de Pauline Quenu, la pudique fille de Lisa Macquart, et de Charles Rougon, dit Saccard, expression dernière d'une race bien vivace, en dépit de son sang contaminé, de ses nerfs surexcités et de ses sens blasés, un homme se dressera, dominant d'une façon superbe les événements néfastes et les faisant oublier.

Sorte de *Deus ex machina* ou plutôt de rédempteur, cet homme, cette innéité bien vivante, ce rayon de soleil lumineux et vivifiant, dont je parlais tout à l'heure, ce sera le médecin Pascal Rougon.

De tout cela, il ressort qu'il est nécessaire

d'attendre la fin de l'œuvre pour la juger sans parti pris et sans erreur possible. Mais que M. Zola nous permette de le lui dire : observateur attentif, physiologiste consciencieux, écrivain sincère et descripteur incomparable, il cherche à dominer son époque au lieu de vivre au milieu d'elle.

Il voit la foule du haut de son balcon, au travers des brumes épaisses de Paris qui s'éveille — et il brosse le tableau de la descente des ouvriers sur les boulevards extérieurs. Il tourne la tête et regarde la grande ville à la lueur aveuglante d'un soleil aux épis d'or — et nous suivons émerveillés les somptueux équipages autour du lac immobile ou dans l'allée poudreuse des Champs-Elysées. Soudain, les nuages obscurcissent l'horizon, le vent mugit, la pluie clapote, la grêle siffle, l'orage gronde — et, d'un coup de pinceau, il fait jaillir l'éclair fulgurant qui déchirera le ciel enténébré.

Tout cela est beau, tout cela est grand; mais si les personnages qu'il mêle à ces conceptions géniales peuvent et doivent exister, tels qu'il les représente, en vertu des lois physiologiques, peuvent-ils vivre, respirer, et se perpétuer dans cette atmosphère saturée d'oxygène et surchargée de vie ? N'y a-t-il pas là un phénomène physique inacceptable ?

Michelet disait en parlant du peuple : « Il faut des yeux faits à cette douce lumière, des yeux pour voir dans l'obscur et dans l'humble, et le cœur aussi aide à voir dans ces recoins du foyer et ces ombres de Rembrandt. »

M. Zola a vu le peuple de sa fenêtre — en raccourci. Et, qui pis est, sa fenêtre donne en plein sur le parc romantique, qu'il abhorre. Deux chauvins inconscients, que les petits-neveux de M. Zola trouveront ridicules, Silvère et Miette qui l'ont traversé, le savent bien ! et M. Zola ne l'ignore pas...

Comme il a jusqu'ici dédaigné la foule des humbles, des tâcherons et des pauvres, de ceux qui luttent, de ceux qui pensent et de ceux qui souffrent, de ces inconnus et de ces déshérités d'hier, destinés à devenir les forts et les puissants du lendemain, il m'est venu cette idée singulière que le bourgeron de Coupeau et le tablier de Gervaise pourraient bien avoir été taillés dans le fameux manteau couleur de muraille dont se gausse si fort M. Zola.

Mais, je l'ai dit, il faut attendre l'œuvre complète pour formuler un jugement décisif — et savoir si, après avoir déchiré l'antique labarum des classiques, l'oriflamme des romantiques devra s'incliner devant le drapeau révolutionnaire du Naturalisme...

Paris. — Typ. F. Debons et Cie, 16, rue du Croissant.

www.ingramcontent.com/pod-product-compliance
Lightning Source LLC
LaVergne TN
LVHW020446230826
846091LV00004B/1562

9782011927392